DE LA
HIÉRARCHIE COMMERCIALE.

SOUVÉNIRS

ET RÉFLEXIONS

D'UN VIEUX COMMERÇANT,

ADRESSÉS

A LA COMMISSION DE L'ASSEMBLÉE NATIONALE DE LA RÉPUBLIQUE

Chargée de s'occuper de l'organisation de l'industrie
et du travail.

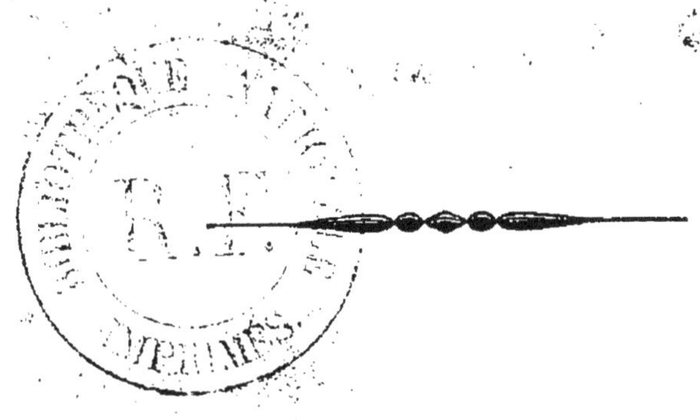

VERSAILLES,

IMPRIMERIE DE BEAU JEUNE,

28, rue Satory.

—

1848

PRÉFACE.

—

Citoyens Représentants,

Si je me permets de prendre la plume, moi qui n'ai jamais écrit que pour le besoin de mon commerce, c'est qu'il me semble que le moment est venu où chacun, dans sa spécialité, doit apporter sa pierre pour consolider l'édifice social sapé si cruellement par les rêves des utopistes et des démagogues. Je réponds d'ailleurs à l'appel que vous avez fait aux industriels. Pour ma part, j'ai l'honneur de vous offrir l'expérience de cinquante années d'un travail attentif, incessant et irréprochable. Fils d'un forgeron, j'ai frappé sur le fer aussitôt que j'ai pu tenir un marteau; ouvrier typographe pendant dix ans, je connais le caractère et les besoins des ouvriers; pendant quarante ans, marchand faïencier, d'abord en détail, puis en gros; dix ans de justice commerciale; administrateur de la caisse d'épargne depuis longtemps, associé quinze ans dans une manufacture de poterie de Paris; lié d'affaires et d'amitié avec un grand nombre de maîtres d'usines importantes, j'ai pu, et j'ai, en effet, observé avec soin les besoins et les institutions protectrices que réclament le commerce et la fabrication. Eh bien! le remède est plus près du mal qu'on ne

Je pense généralement, et je vais essayer, dans cette petite brochure, dont le texte est aussi restreint que possible, de le démontrer par des exemples peu nombreux, pour ne pas abuser de vos instants, mais que je pourrai multiplier à l'infini. L'expérience d'une longue pratique m'a démontré que toute liberté doit être limitée, et qu'une des principales causes de la crise industrielle que nous subissons aujourd'hui, vient de ce que le commerce n'est pas réglementé. Mais le mal ne s'est pas fait sentir de suite, il fallait les circonstances qui malheureusement se sont présentées à notre époque, pour qu'on pût connaître la position précaire des industriels.

La liberté illimitée du commerce a été désastreuse, parce qu'il lui a manqué une hiérarchie pour la régulariser. De là l'anarchie qu'on a pu remarquer, et je dirai même le manque de bonne foi. Cependant toutes les autres positions humaines, civiles et militaires, ont leur hiérarchie, pourquoi le commerce n'en a-t-il pas, puisqu'elle lui est nécessaire?

Ce que je connais bien, c'est l'état que j'ai professé, et j'affirme que pour mon commerce une hiérarchie est indispensable, attendu qu'il se compose d'un grand nombre d'articles fabriqués dans diverses contrées. Mais tous les commerces se ressemblent à peu près. Il existe une telle identité entre eux, qu'un bon commerçant, lorsqu'il a acquis la connaissance des marchandises qu'il veut vendre, peut faire tous les commerces. Je n'hésite donc pas à proposer une hiérarchie sagement combinée pour toutes les industries, sauf les exceptions que j'indique. Ce que je déplore profondément, c'est l'antagonisme et la désaffection que les utopistes se sont plu à propager entre les patrons et les ouvriers, et qui peut amener la ruine de notre industrie. On ne pourrait trop répéter qu'entre les patrons et les ouvriers, la solidarité est complète, puisque les premiers, avant de s'établir, ont été ouvriers. Ce sont les mêmes hommes, plus ou moins intelligents et laborieux. Les ouvriers qui se sont laissé égarer reconnaîtront cela; car, en général, ils sont trop judicieux pour qu'il en soit autrement : mais déjà il y a beaucoup de mal, puisque beaucoup de chefs d'établissements pensent à porter à l'étranger leur science industrielle, et que les plus habiles fabricants de soiries sont allés en Angleterre, ainsi qu'il en a été lors de la révocation de l'édit de Nantes.

J'ai hésité plusieurs jours avant de me déterminer à faire suivre ma proposition hiérarchique commerciale par les réflexions sur les tribunaux de commerce et les articles qui suivent. Cependant, comme la chambre constituante est appelée à organiser, ou reviser à nouveau toutes les questions de notre ordre social, je m'y suis décidé, attendu qu'il me paraît convenable d'envisager le point de vue de chacun, pour se former une idée fixe sur chaque chose.

Agréez, citoyens Représentants, le salut respectueux de votre très-humble serviteur,

BOUROTTE,
ex-négociant et en ce moment propriétaire.

SOUVENIRS

ET RÉFLEXIONS

D'UN VIEUX COMMERÇANT,

qui seront adressés en temps opportun,

A LA COMMISSION DE L'ASSEMBLÉE NATIONALE DE LA RÉPUBLIQUE,

Chargée de s'occuper de l'organisation de l'industrie et du travail.

L'avénement de la République n'était prévu par qui que ce soit, pas même par ceux qui la désiraient le plus. Mais dès le lendemain la réflexion lui avait acquis l'unanimité, comme étant désormais le seul gouvernement possible en France. En effet, Louis-Philippe, homme de haute science et père d'une belle et nombreuse famille, sur lequel la nation avait le droit de compter pour améliorer progressivement l'état social, reniant son origine, ne s'était occupé, pendant dix-huit ans, que de l'intérêt mal compris de sa dynastie. Aussi, au jour du danger, il n'a pu trouver de défenseurs. Puisque la victoire a été si facile, pourquoi donc une infime minorité s'est-elle permis de catégoriser les citoyens? Pourquoi est-elle venue flatter les ouvriers outre mesure, puisqu'ils n'ont pas plus contribué que les autres citoyens au renversement de cette dynastie, qui, par ses fautes, est parvenue à détruire le prestige de la royauté en Europe?

Ainsi, il paraissait bien facile de réaliser à l'instant l'établissement d'une république désirée par quelques-uns et accepté par tous. Il ne s'agissait plus que d'opérer de larges réformes et des améliorations à l'état social existant, créé par la succession des siècles. L'égalité devant la loi existait depuis 89, malgré quelques temps d'arrêt rétrogrades ; le vote universel était proclamé, et n'avait pas jeté autant de perturbation qu'on le craignait généralement ; on allait enfin s'occuper d'améliorer le sort de tous les travailleurs, un immense cri de joie avait accueilli en Europe et par le monde entier cette légende du Christ : *Liberté, égalité, fraternité* ; nous ne rencontrions plus que des amis où naguère il n'y avait pour nous que des ennemis. Il faut le dire, les patriotes de toutes les époques avaient conçu les plus grandes espérances pour l'avenir de leur chère patrie. Mais ces espérances ont été promptement refoulées dans les cœurs généreux ! Bientôt des circulaires menaçantes, des placards incendiaires, des clubs armés et furibonds, des anarchistes, des exaltés, des républicains rouges, voulant nous reporter au temps de terreur de la première république, et des utopistes de toutes couleurs se sont empressés de venir secouer le flambeau de la discorde, par des excitations à la haine entre toutes les classes de la société. Les uns en séparant le même peuple en riches, pauvres et prolétaires, disant que puisque les ouvriers étaient vainqueurs (vainqueurs de qui ?), ils devaient tout exiger ; les poussant à l'émeute, leur répétant sans cesse qu'ils étaient exploités par les bourgeois et les patrons, les excitant à la paresse par le nivellement des salaires. D'autres, croyant le moment opportun de réaliser des rêves de communauté, traitaient la propriété de vol, et jetaient la perturbation dans les idées de gens qui s'expliquent mal ces utopies séduisantes, et qui ne les traduisent que par le pillage, l'incendie, le refus de paiement des loyers et des impôts, le partage des biens, etc., etc. D'autres enfin, répudiant les liens de la famille, et brouillant toutes espèces de notions du bien et du mal, à tel point que certains individus pourraient croire que les malfaiteurs et même les galériens ont été jusqu'alors des hommes incompris qu'il faut réhabiliter. Enfin tous ensemble, chacun à sa manière, sont parvenus à détruire la confiance et le travail qu'ils prétendaient organiser. Plus de riches, plus de commerce, plus de travaux, la faillite partout ! Non, les ouvriers ne peuvent plus croire que ces hommes qui les ont si cruellement trompés par des théories impraticables et qui nous ont tous ruinés, soient leurs véritables amis, ou, s'ils les ont, c'est à la manière de l'ours qui s'était fait l'ami de l'homme,. Eh! grand Dieu! qu'on leur laisse faire des épreuves en Algérie, où déjà il y en a eu de faites au dire du maréchal Bugeaud, qui assure que des essais faits dans les meilleures conditions, n'ont produit que des déceptions. Les villages de Mered, Mahelma et Fouka ont été établis avec le principe du communisme. Ces villageois, au bout d'un an, sans s'être consultés entre eux, demandèrent à se désassocier. La concurrence manquait, on ne croyait pas travailler pour soi, et on ne travaillait plus. Même essai pour le fouriérisme dans la province d'Oran, et malgré de très-grands avantages accordés à cet établissement, il est si loin de prospérer, qu'il est près de se dissoudre. Dans le département de Seine-et-Oise, un établissement phalanstérien avait été fondé par un homme riche; il y a dépensé la plus grande partie de sa fortune, et n'a pu réussir.

D'autres essais ont été faits en Bourgogne et on a obtenu les mêmes résultats. Les principes de Fourier sont mis en pratique à la colonie de Métray, près Tours ; c'est véritablement un admirable établissement. Mais ce sont de jeunes détenus qu'on a retirés du crime, et qui sont destinés à retourner dans la société. Ils sortent de cet établissement avec des sentiments de religion, l'amour du travail, et un état qu'ils peuvent exercer partout. Mais des établissements dont le personnel se composerait d'hommes, de femmes et d'enfants, seraient des couvents où il est impossible que la concorde puisse exister.

Loin de moi la pensée d'accuser les utopistes d'être des hommes méchants. Mais, illusionnés par des théories impraticables à l'espèce humaine, ils emploient tous les moyens pour réaliser les rêves de bonheur universel qu'ils ont tracés dans leurs romans, qui, s'ils ne rencontraient pas ces impasses, nous conduiraient tout droit à l'ignorance et à la barbarie des premiers âges. Ils paraissent ignorer que l'homme est naturellement paresseux, et que c'est la nécessité de travailler pour vivre qui le contraint. Il est vrai de dire que lorsque l'homme a pris l'habitude du travail, il ne peut plus cesser de travailler, alors même qu'à force de temps et de sueurs, il est parvenu à se faire une petite fortune. Mais malheureusement ils agissent sur les masses qu'ils égarent.

Cependant, dans un de leurs plus séduisants romans, ils reconnaissent que leur système ne peut se fonder que sur l'assentiment général, et qu'il ne peut avoir lieu par la violence. Qu'ont-ils fait, cependant ? Ils ont mis aux prises la civilisatisn démocratique, qui est le produit de la révolution de 89, avec le vandalisme ochlocratique qu'ils préconisent depuis longtemps. En définitive, ils sont les auteurs de la guerre civile qui vient d'ensanglanter nos rues. Il faut, en toute hâte réprimer ces fauteurs d'anarchie, qui, dans leurs journaux, osent encore élever la voix, après les désastres dont ils sont les auteurs. Ils vont partout semant la haine et la calomnie. Ils disent aux ouvriers que les bourgeois, les marchands, et enfin tous ceux qui possèdent quelque chose, sont les ennemis des ouvriers, mensonge infernal que les faits démentent. Hélas! non ! ce n'est point la haine qui a pris place dans le cœur de ces pères de famille, mais la plus vive douleur !... Ils n'ignorent pas que ce ne sont pas les ouvriers qui sont les plus coupables, mais que ce sont ceux qui les ont égarés. Il est urgent de provoquer des explications de ces hommes qui prétendent avoir à leur disposition des moyens de régénérer le monde : qu'ils se hâtent donc de les indiquer ! Mais jusqu'à présent ils n'ont su que déprécier et bouleverser la société, en lui reprochant les crimes et les fautes qui ne sont pas de notre époque. Les véritables républicains, les honnêtes gens, ne partagent pas leurs pensées de troubles anarchiques Ils n'ignorent pas que la République, autant et plus que tous autres gouvernements, a besoin de vertu et d'ordre pour exister. Il est bien évident, pour tous les gens de bon sens, qu'ils n'ont cessé d'agiter les ouvriers, en les trompant, que pour nous imposer un gouvernement dont ils auraient été les chefs.

Des Ouvriers.

Depuis long-temps la nécessité d'améliorer la position des classes ouvrières et de tous les travailleurs, dont la solidarité est incontestable, était généralement sentie. On comprenait qu'il était urgent de relever l'esprit public en le moralisant. On voulait plus de probité et de bonne foi dans les transactions civiles et commerciales. Déjà de grandes améliorations avaient été obtenues sous le dernier régime. Les caisses d'épargne, les écoles gratuites élémentaires, civiles et régimentaires, les écoles normales pour former des maîtres pour les campagnes, les crèches, les associations contre l'incendie et la grêle, les écoles de dessin et de géométrie, les salles d'asile, les fermes-modèles, les colonies de Métray et de Petit-Bourg, les caisses de secours mutuels, les refuges contre la mendicité, organisés aux frais d'un certain nombre de citoyens, etc., sont des améliorations notables qu'il suffirait de perfectionner. Continuons à chercher tous les moyens de rendre dignes et capables les citoyens appelés aujourd'hui à la jouissance des droits électoraux; élevons-les jusqu'à nous par l'instruction gratuite, par la morale de notre sainte religion et par l'éducation. Réglementons le commerce par une sage hiérarchie qui lui manque, bannissons-en la fraude et la mauvaise foi qui lui nuisent en le déshonorant, et qu'enfin nos produits d'exportation soient irréprochables, pour que les étrangers cessent de nous mépriser et puissent les acheter avec confiance; souvenons-nous que, pour le commerce principalement, la bonne foi est de l'habileté. J'ai connu des négociants expéditeurs qui n'ont pas rougi de m'avouer qu'ils avaient trompé leurs clients étrangers autant qu'ils l'avaient pu, et s'en faisaient un titre de gloire. Ils disaient la vérité trop malheureusement; car des négociants français, habitant des colonies étrangères, m'ont assuré que souvent ils s'étaient vus forcés d'adresser leurs commissions ailleurs qu'en France, à cause de la mauvaise foi de certains expéditeurs nationaux. Etonnez-vous, maintenant, de la position fâcheuse de notre marine marchande !

Les utopistes affectent de plaindre outre mesure les ouvriers qu'ils ont mis sans ouvrage; mais ils ont le cœur froid pour les rentiers, les propriétaires, les marchands, les fabricants, les artistes, dont ils ont occasionné la ruine. Et d'abord il n'est pas vrai, comme ils le disent, que les salaires soient abaissés. Il y a trente ans, on payait 12 fr. pour la façon d'une redingote qu'on paie aujourd'hui 25 et 30 fr. En 1789, la journée des bons ouvriers serruriers, menuisiers, maçons, tailleurs de pierre, charpentiers, etc., était de 2 fr. à 2 fr. 50 c.; aujourd'hui elle est de 3 à 6 fr. On dira : Mais les vivres sont plus chers. Cela est vrai; mais tous les objets qui servent à la toilette, les draps, les étoffes légères, les ustensiles de ménage, les meubles, etc., etc., coûtent considérablement moins. Quant aux impôts, qui les paie, s'il vous plaît? ne sont-ce pas ces bourgeois, ces propriétaires, ces fabricants, ces marchands, ces agriculteurs, que vous signalez à la haine des ouvriers, qui soutiennent l'état, soldent l'armée, la magistrature, le clergé et cette foule d'employés?

Mais est-ce que la presque totalité des fabricants, des négociants, des marchands et des entrepreneurs de bâtiments n'ont pas été des ouvriers intelligents, laborieux et économes? C'est un fait que tout le monde peut vérifier. Sur leurs vieux jours, alors qu'ils ne pouvaient plus travailler, ils ont cédé leurs établissements, à qui? à leurs enfants ou à de jeunes ouvriers. Alors ils sont devenus propriétaires, car il faut bien placer le fruit de ses épargnes. Pourquoi donc reprocher à ces citoyens les propriétés qu'ils ont acquises en compensation des sueurs de toute leur vie? On comprendrait ce reproche s'il était adressé à de grands seigneurs d'autrefois, dont les vastes domaines n'étaient pas toujours exempts d'actes illégaux et spoliateurs; mais les ouvriers d'aujourd'hui, lorsqu'ils sont probes, rangés et intelligents, sont appelés à remplacer leurs patrons. Les vieux commerçants n'ont pas fermé les portes de l'avenir derrière eux. Il est vrai qu'on ne parvient qu'en travaillant courageusement, avec le temps, et graduellement. Mais les capitaux leur manquent, dit-on. Je répondrai que les plus riches fabricants et marchands que j'ai connus dans ma longue carrière commerciale avaient commencé avec très-peu de capitaux (une enquête faite à cet égard viendrait positivement confirmer ce que j'avance ici). Les fabricants, les commerçants, les entrepreneurs et les ouvriers, sont tous des travailleurs et des producteurs.

Il y a donc solidarité entre eux, et la pensée de les désunir est aussi dangereuse qu'absurde. Si le placement des produits se ralentit ou cesse complètement, les fabricants ne peuvent plus donner d'ouvrage aux ouvriers. Si les entrepreneurs de bâtiments sont forcés d'exiger des prix trop élevés, les travaux cessent. On affecte aussi de croire qu'il suffit d'avoir des ouvriers pour fabriquer. Mais dans beaucoup de fabrications, le maître a seul le secret, et les ouvriers ne sont que les instruments de la production. Aussi, il y a un proverbe qui dit : « Tant vaut le maître, tant vaut la maison. » Je pourrais citer beaucoup d'autres exemples de ce fait.

Du nivellement des salaires.

C'est la pensée la plus absurde que des socialistes puissent avoir. Les hommes doivent être égaux devant la loi, ça ne fait pas doute. Mais l'égalité physique et morale existe-t-elle ? Et puisqu'elle n'existe pas, c'est que Dieu l'a voulu ainsi ; et c'est à nous, pauvres humains, à nous conformer à ses immuables décrets. Mais les utopistes, modernes Prométhées, ne veulent pas s'y conformer. Ils prétendent façonner l'homme au gré de leur imagination. Le nivellement des salaires, s'il était mis en pratique, anéantirait les facultés humaines et empêcherait toute espèce d'améliorations ; il finirait par nous rendre tributaires des producteurs étrangers, comme nous l'étions sous le règne de Louis XV, époque à laquelle il nous fallait acheter jusqu'à des bas et des bonnets de coton aux Anglais. On croit avoir bien travaillé en supprimant le marchandage. Quels ouvriers ont exigé cette mesure? Ce sont les paresseux et les inhabiles, jaloux du talent des marchandeurs, mais qui sont incapables de les remplacer. Les entrepreneurs ne peuvent se passer de ces habiles ouvriers (je n'entends pas marchandeurs des sous-traitants qui, personnellement, ne travaillent pas, mais savent parfaitement exploiter les ouvriers). Si on persistait à vouloir se baser sur les plus faibles ouvriers en nivelant les salaires, ce qui détruit complètement l'émulation, on arriverait à une infériorité si déplorable que, lorsque des travaux importants se présenteraient, il faudrait avoir recours à des ouvriers étrangers.

La cause de l'inhabileté de beaucoup d'ouvriers, à notre époque, tient principalement à ce qu'on est bien peu fidèle aux engagements d'apprentissage. On veut gagner de l'argent avant que de savoir travailler. Pour cela, on quitte son maître avant le terme fixé, et on va se présenter comme ouvrier chez d'autres patrons. Ces jeunes gens se nuisent plus encore qu'ils ne portent de préjudice aux patrons. Ils parviennent rarement à être de bons ouvriers. Ils sont promptement classés dans les ateliers et n'obtiennent de l'ouvrage que lorsque les autres en ont de trop, ce qui les dégoûte du travail, les fait accuser la société d'être injuste envers eux, et trop souvent ils deviennent des hommes vicieux. D'autres ont de la capacité; mais la paresse et l'ivrognerie les dominent. On peut le voir par les ateliers nationaux : il existe des ouvriers qui ne se contentent pas de faire les paresseux, mais qui veulent encore empêcher les autres de travailler. Dans ma jeunesse, dans le temps de la première République et sous le Consulat, j'étais ouvrier, je pourrais citer bien des exemples de la détresse où étaient plongés des ouvriers par suite de la paresse et de l'inconduite. Cependant, à ces grandes époques, l'ouvrage ne manquait pas plus que l'argent; les vivres n'étaient pas chers et les prix étaient bons.

De l'organisation du travail.

Avant de vouloir organiser le travail, les utopistes n'auraient pas dû le désorganiser; c'est ce qu'ils ont fait cependant. Assurément, tout n'est pas pour le mieux dans la civilisation actuelle, et elle demande à progresser. Le travail, quand il y en a, s'organise de lui-même entre les maîtres et les ouvriers. Il a besoin seulement d'être réglementé par des lois qui ne touchent en rien au fond, mais qui doivent en proscrire la forme hiérarchique. Le gouvernement ne doit pas autrement intervenir dans les transactions industrielles.

Des Associations.

C'est ici que j'aborde les prétentions irréfléchies des utopistes, dont l'inexpérience est complètement démontrée par les faits. Ils poussent à l'association. Suivant eux, l'association peut seule régénérer la France. Voyons d'abord ce que c'est que l'association. Ici j'aurai besoin de donner quelques exemples que je puiserai dans l'expérience de mes cinquante années de travail.

La loi défend et punit l'association des fabricants entre eux pour l'exploitation de manufactures diverses. Elle considère, avec raison, ces associations comme des monopoles et de la coalition. Il en est de même à l'égard des ouvriers qui se coalisent pour faire augmenter les salaires. Ces mesures sont sages, et l'expérience en a démontré la nécessité. Ce sont ces mesures sages que les utopistes veulent renverser. Cependant ces coalitions sont nuisibles aux intérêts de tous. On peut ajouter qu'elles sont destructives de toutes améliorations.

En écrivant ces lignes, je pense à une association qui a existé entre des fabricants d'un même article, habitant la même ville, exploitant individuellement leur fabrique. Cette association, par la dissidence d'un seul, a donné lieu à un procès interminable. Ces fabricants, malgré la supériorité des matières premières dont ils disposaient, ont tellement négligé d'améliorer, que leurs produits sont restés de beaucoup inférieurs à ceux d'autres fabricants placés dans d'autres contrées moins favorisées. Cela s'explique facilement : ils n'avaient plus de concurrents, par conséquent plus d'émulation ; ils gagnaient de l'argent facilement, et pensaient qu'il en serait toujours ainsi. Au lieu de reconnaître que, pour rémédier à l'amoindrissement du placement qu'ils remarquaient, il était urgent de sortir de l'engourdissement et d'améliorer leur fabrication, ainsi que les marchands en gros leur conseillaient, eux qui d'abord ne livraient qu'aux seuls négociants, se mirent à livrer à tous les marchands indistinctement, même aux ambulants ; mais éloignés de Paris et des villes populeuses, cette mesure les contraignit de prendre à leur charge les dépenses occasionnées pour les transporter par eau et toutes les avaries qui en résultent. Ce fut pour eux une perte considérable, tandis qu'avant c'étaient les négociants qui les supportaient. Ces derniers se sentant blessés par une vente directe, cessèrent presque entièrement d'adresser des commissions à ces fabricants, et firent faire leur article par d'autres fabriques, qui d'ailleurs travaillaient mieux. Tous ces fabricants ont été ruinés, et s'ils travaillent encore un peu aujourd'hui, c'est avec de minimes bénéfices, qui ne leur permettent pas de payer chèrement les ouvriers dont le nombre est considérablement réduit dans cette localité.

Cet exemple suffit, je crois, pour démontrer péremptoirement ce qu'offre de fâcheux le monopole des fabricants, qui détruit l'émulation, et combien l'abandon du principe hiérarchique, qu'ils avaient d'abord adopté, a été nuisible à leurs intérêts et à ceux des ouvriers.

En 1835, les marchands faïenciers en gros de Paris, qui aussi vendaient en détail, se réunirent plusieurs fois, dans l'intention de s'associer pour le commerce en gros de leurs articles, renonçant complètement à la vente en détail, pour cesser de faire concurrence aux détaillants ; car presque toujours les consommateurs s'adressent dans les maisons de gros, espérant le bon marché. Ces marchands en gros voulaient remédier à la guerre acharnée qu'ils se faisaient entre eux, par leurs voyageurs, dans les diverses parties de la France. J'assistais à ces réunions, attendu l'importance de l'établissement que je possédais près de la capitale. Après avoir posé des chiffres, nous fûmes unanimes pour reconnaître que nos établissements, par suite de cette concurrence, ne présentaient plus que des bénéfices insuffisants, et qu'ils ne pouvaient plus avoir d'avenir, attendu

que nos capitaux placés à 5 pour 100 nous rapporte-
raient plus qu'en travaillant dans cet état pénible, s'il
nous était possible de réaliser les valeurs placées dans
nos magasins. En conséquence, un acte de société fut
débattu et rédigé par nous. Mon nom fut porté en tête
de ce projet, dont la raison sociale se composait de trois
noms (mes confrères, à cause de mon âge et de mon expérience des affaires, voulurent me faire cet honneur).
Des fabricants et des marchands en détail furent consultés. Tous approuvèrent hautement cette association,
en comprenant toute la pensée philanthropique qui
tendait, en suppléant à la loi, à venir au secours de tous
les travailleurs de notre état, en assurant la position
respective de chacun Il est fort regrettable que, par la
dissidence de quelques-uns de nous, ce projet d'association ait été abandonné ; car plusieurs de mes confrères
ont été forcés de vendre leurs marchandises à la criée
à 50 pour 100 de perte. Cette association aurait pu
servir de modèle aux marchands de nouveautés, qui, de
marchands en gros, se sont faits détaillants, et, par ce
fait, ont écrasé les petits marchands.

L'association doit être volontairement consentie par
toutes les parties contractantes, et personne n'a le droit
de l'imposer par la violence. Qu'ont fait cependant les
chefs du communisme à Limoges ? Depuis longtemps
ils avaient attiré à eux les ouvriers porcelainiers et les
avaient disciplinés au point de les faire obéir comme un
seul homme. Puis ils leur ont dit qu'il fallait forcer
les fabricants à l'association, attendu qu'eux seuls étaient
les producteurs et que, par conséquent, ils devaient
prétendre à une plus grande part. Toujours le même
système, le fabricant, à leurs yeux inexpérimentés, n'est
presque rien, il n'est qu'un capitaliste. Cependant ils
devraient savoir que tous les fabricants sont loin de
réussir, et que, dans ce temps de concurrence, il n'y a
que les plus intelligents qui parviennent à faire honneur à leurs affaires. Ceux des fabricants qui ne sont
pas heureux, n'ont pas rejeté cette demande. Seulement,
ils ont dit : Nous consentons l'association, si vous nous
apportez les capitaux qui nous manquent ; car déjà
nous ne pouvons plus marcher, et s'il nous faut ajouter

aux frais, nous serons forcés de fermer nos établissements. Alors on s'est retourné vers ceux qui prospèrent, ou paraissent prospérer. Ceux-ci ont répondu que leurs capitaux étaient suffisants et ont demandé quelle garantie les ouvriers pourraient leur offrir, attendu que des associés devaient tous se bien connaître, devaient être de perte et de gain, et que le personnel d'une association ne pouvait être variable à l'infini, suivant le caprice des uns ou des autres. Depuis ce temps, les patrons sont dans la stupeur, alarmés qu'ils sont par l'hostilité permanente de leurs ouvriers. Voila l'ouvrage des utopistes. La France est riche en carrière de caolin, et le silex et la marne ne manque pas. La fabrication de la porcelaine est pour elle d'un grand rapport, et les étrangers en enlèvent constamment des cargaisons. Une fois que la désorganisation de cette belle branche d'industrie sera complète, les négociants étrangers iront chercher la porcelaine en Saxe ou en Chine. Les utopistes poursuivent le même système de désorganisation industrielle dans toutes les contrées manufacturières. Quel démon, ou quel génie infernal les poussent à la destruction de la prospérité de leur pays !

Etablissement des Ateliers nationaux.

Le nivellement des salaires les rendrait impossibles ; les frais ne pourraient pas être couverts. Avec l'émulation le travail est toujours possible ; mais ce que paraissent ignorer les nouveaux socialistes, c'est qu'il ne suffit pas des ouvriers de main-d'œuvre pour produire : il faut, outre les capitaux, la science du maître, dont la direction a plus d'importance qu'ils ne le pensent. D'ailleurs, en créant des ateliers nationaux pour les produits manufacturés, ce serait créer le monopole par l'Etat, qui détruirait la concurrence et l'émulation, et renverserait l'industrie particulière, qui ne pourrait plus payer l'impôt. L'expérience des derniers événements démontre suffisamment que les ouvriers réunis en grandes masses se corrompent entre eux et sont à la disposition des factieux.

Des Associations des Maîtres d'Usines et des Ouvriers.

L'association des maîtres et des ouvriers me paraît d'une exécution bien difficile, attendu que, pour qu'une association soit bonne, il faut que tous les intéressés soient de perte et de gain, et il n'y a pas toujours des bénéfices, surtout en ce moment. Les ouvriers ne peuvent se passer de leurs journées. Cependant ces sortes d'associations seraient désirables si elles étaient possibles, parce qu'elles grandiraient les ouvriers à leurs propres yeux, en les moralisant, et les éléveraient dans la pensée de tous ; nul doute que les ouvriers en travailleraient avec plus d'ardeur, étant plus particulièrement intéressés, ce qui pourrait accroître les bénéfices. Je pense que l'association en participation est la seule possible. Mais il faudrait laisser les fabricants et les ouvriers s'entendre à cet égard ; eux seuls peuvent juger si l'association peut leur être avantageuse : l'Etat ne peut ni ne doit s'en mêler.

Association pour le défrichement des terres incultes.

L'association des capitalistes et des ouvriers pour l'exploitation des terres incultes me paraît bien désirable. Ici l'Etat pourrait intervenir, attendu qu'il serait appelé soit à partager les terres rendues productives, soit a vendre ces terres. Il faut, à cet égard, consulter les cultivateurs. Toujours des hommes spéciaux ; les théories, pour toutes choses, sont insuffisantes.

Qu'une fabrique ait un seul propriétaire, ou plusieurs, cela ne change en rien sa position vis-à-vis des tiers. Dans l'un comme dans l'autre cas, la hiérarchie commerciale que je viens proposer plus loin, principal but de mon écrit, n'est pas moins indispensable pour assurer le placement des produits, pourvu qu'ils n'excèdent pas les besoins. Ce n'est pas ce que disent les utopistes : ils veulent que l'on produise beaucoup. Tâchez de rendre les produits de la terre plus abondants, bien ; mais les produits manufacturés doivent être mesurés sur les demandes.

Des associations par actions.

Ce sont les meilleures, assurément. Mais cependant bon nombre de ces associations ont donné lieu à des fraudes et à des déceptions dont beaucoup de personnes ont été les victimes. Il en devait être ainsi, parce que souvent on s'associait pour des fabrications ou des exploitations qui n'avaient fait encore aucune preuve, et que les commanditaires, commerçants improvisés, n'étaient pas en état d'en juger. En tout, il faut de l'expérience.

De la vie en commun.

Pour les ouvriers, la vie en commun présenterait de grands avantages sous le rapport de l'économie, et donnerait une alimentation bien supérieure à la nourriture apprêtée individuellement. L'organisation des régiments en est la preuve. Mais il ne faut pas penser à réunir les ménages dans un même lieu ; ce serait créer une espèce de tour de Babel, dont le moindre inconvénient serait de ne pouvoir s'entendre.

Je crois que si dans chaque quartier où les ouvriers sont nombreux, n'importe de quel état, et à cet égard ils pourraient se rapprocher, il serait possible d'établir de grandes cuisines à frais communs, où chaque ménagère irait chaque jour chercher les vivres de la famille, à son choix et suivant ses moyens. Pour les ouvriers mariés, le travail des femmes étant indispensable, elles pourraient y consacrer plus de temps. L'Etat pourrait faciliter ce genre d'association dans les villes manufacturières, mais sans intervenir directement.

Une bonne et sainte association est celle de l'homme et de la femme. On ne respecte pas assez les liens du mariage, que Dieu lui-même semble avoir institué. Mais les utopistes les plus excentriques, les démolisseurs des bases de l'ordre social, veulent briser ces liens par le divorce, s'inquiétant fort peu du sort des malheurex enfants. Qu'est-ce que l'amour paternel à leurs yeux ? O malheureux insensés ! pourquoi faut-il que vos parents vous aient fait donner de l'instruction pour en faire un si mauvais usage! Comment ne fait-on pas fermer les clubs dont le programme est : la propriété, c'est le vol; la famille, le vice; et Dieu, le crime? Pourquoi existe-il des clubs? Veut-on tolérer des gouvernements occultes? Que les citoyens se rassemblent pour des élections, rien de mieux; mais est-il nécessaire qu'il existe des réunions permanentes? La confiance ne renaîtra que lorsqu'on aura réduit à l'impuissance les hommes qui, dans leurs journaux, n'ont que des éloges pour les insurgés et des sarcasmes pour les défenseurs de l'ordre.

La femme du commerçant est la noble compagne de son mari. En outre qu'elle est appelée particulièrement à donner des soins aux enfants, elle donne encore sa part de travail et contribue puissamment, par son économie et son zèle, à la prospérité du commerce. Pourquoi faut-il que la participation des femmes devienne impossible lorsque des négociants veulent s'associer? Une association, même entre frères et sœurs, beaux-frères et belles-sœurs, ne peut réussir; car les petites jalousies font qu'on ne peut s'entendre. Cela est très-fâcheux; car dans ce cas les commerçants sont forcés de se priver du concours de leurs dames. C'est un fait que tout le monde connaît ou peut vérifier.

Il est tellement impossible de vivre en commun dans un même lieu, hommes, femmes et enfants, que les pères et mères mêmes, lorsqu'ils ont marié leurs enfants, ne peuvent habiter longtemps la même maison, sans que l'accord qui existait entre eux ne disparaisse, et pour le plus grand nombre c'est la discorde qui remplace l'harmonie dans la famille. Devant de tels exemples, à la portée de tous, comment des utopistes peuvent-ils penser que leurs principes de communauté soient applicables à l'espèce humaine? Peuvent-ils en changer la nature et les inclinations? Ce serait organiser l'enfer, la servitude, la démoralisation, et retourner à l'ignorance des premiers âges. N'est-il pas évident que ce que les hommes préfèrent à tout, c'est la liberté d'actions individuelles et l'égalité devant la loi? Tous chérissent les liens de la famille et de la paternité. C'est pour ses enfants que le père de famille travaille avec ardeur ; même à son lit de mort, il s'inquiète encore de leur avenir, et sa dernière pensée est pour eux! Et vous voulez détruire la propriété, vous traitez les propriétaires de spoliateurs ! Mais ne vous laissez donc pas abuser par vos folles pensées; souvenez-vous que les hommes tiennent essentiellement à ce qu'ils possèdent en propre, surtout s'ils l'ont gagné. Ils y tiennent plus qu'à la vie. Ils vous l'ont bien prouvé, ces pères de famille, en marchant sur vos barricades, derrière lesquelles vous vous cachiez lâchement, n'ayant pas le courage de les attendre de pied ferme. Vous devez le savoir aujourd'hui, que les moutons sont devenus promptement des lions. La pensée d'enlever à chacun sa propriété, pour être mise en commun, est digne des utopistes, qui ne paraissent pas se douter que s'ils eussent réussi à vaincre la civilisation, la mise en pratique de leurs théories anéantissait complètement l'émulation et l'amour du travail, et qu'avant deux ans il ne serait plus possible de vivre en France, pays où l'on ne peut exister qu'à la condition d'un travail de tous les instants. En effet, mettez la propriété et le travail en commun et avant six mois le travail sera abandonné, même par les plus courageux. Faites une loi agraire, procédez au partage des biens, et avant un an les anciens pauvres le seront de nouveau, tandis que les courageux, s'ils sont jeunes encore, seront les riches comparativement. La paresse des uns se sera accrue et le courage des autres aura grandi. Il en est de même à l'armée : le mauvais sujet est un mauvais soldat et un maraudeur.— Un socialiste, dont j'ai lu la brochure dernièrement, présente un tableau séduisant du principe phalanstérien. C'est en vain qu'il s'est ruiné une première fois dans une semblable entreprise, il n'est pas désillusionné. Cela ne m'étonne pas, fasciné par la bonté de son cœur, il croit encore que la réalisation de semblables projets est possible. Ce qui lui manque, c'est l'expérience du cœur humain. Cependant, quelques-unes de ses pensées peuvent, peut-être, être applicables, mais la mise en commun en détruirait tout le bienfait.

L'amour de la propriété est inné chez l'homme.

Voyez ces enfants, qui ont toute jouissance dans le jardin de leur père, ce à quoi ils tiennent invinciblement, c'est au petit coin de terre qu'il leur accorde pour le cultiver personnellement. L'homme entièrement sauvage, il est vrai, ne paraît pas avoir une idée bien nette de la propriété ; mais aussitôt qu'il se civilise il devient propriétaire. Les honnêtes gens tiennent à ce qu'ils ont, mais ils n'envient pas le bien d'autrui.

En France, la propriété est extrêmement morcelée ; il y a très-peu d'habitants de la campagne qui ne possèdent quelques coins de terre et une petite maison. Quant aux fortunes d'héritage, depuis la promulgation du code civil, elles s'amoindrissent de jour en jour, tellement qu'avant vingt ans il n'y aura plus de grandes fortunes. Cette dernière révolution en a détruit un grand nombre.

Des chemins de fer.

Au point de vue commercial aussi bien que stratégique, il est bien regrettable que les grandes lignes n'appartiennent pas à l'Etat, ainsi qu'il en est des autres routes nationales. Malheureusement, la chambre des députés, dans le temps, en a décidé autrement. Au 16 novembre 1834, j'adressai une lettre au rédacteur du *Constitutionnel*, à l'occasion du libre-échange, dont il était déjà question. Cette lettre, qu'il n'a pas cru devoir publier, contenait des réflexions que je puis répéter ici, car elles ont de l'actualité.

« Ma conviction est que dans notre chère France, » nous avons tous les éléments de prospérité désirables, » et qu'il suffirait d'en faire bon emploi. Mais le gou- » vernement peut et doit seul entreprendre la construc- » tion de ces grandes lignes ; les localités viendraient s'y » rattacher et y puiser l'abondance et la civilisation. » Bientôt le combustible serait à bon marché ; car il est » des contrées où il est abondant et peu cher. Les vins » du Midi nous parviendraient rapidement et peu frayeu- » sement. Alors, pourquoi cultiverions-nous la vigne » dans nos contrées où elle ne produit que des vins de » basse qualité ? Mais en place, on sèmerait des graines

» qui y réussissent bien ; on aurait de vastes prairies
» où on éleverait des bestiaux. Voilà des moyens d'é-
» change entre le Nord et le Midi , sans compter les
» facilités de transporter les objets manufacturés d'un
» lieu à un autre. Enfin, par des communications faciles,
» on parviendrait à une culture mieux entendue et plus
» appropriée aux divers sols. Par ce moyen , les vivres
» deviendraient plus abondants et seraient à plus bas
» prix. Nos ouvriers pourraient plus facilement vivre
» sans être plus rétribués, et nos fabricants baisser le
» prix de leurs marchandises, par suite de la réduction
» des frais de transport, qui sont, par le roulage et sui-
» vant l'éloignement, de 10, 15, 20 et 25 pour 100. »

Je verrais donc sans peine le gouvernement racheter
les quelques chemins de fer en voie d'exécution et les
continuer ; ce serait une mesure d'intérêt général , qui
donnerait la possibilité d'ouvrir des ateliers nationaux ,
et pour ceux-là il ne faut que de l'argent, des bras et
la science des ingénieurs , mais point de nivellement de
salaires.

Du libre-échange.

Le libre-échange des matières premières et des produits territoriaux, quand ils sont abondants, est nécessaire ; il est même indispensable. Mais le libre-échange
des produits manufacturés serait la ruine de la France.
Qu'on le sache bien, les anglais ne pourraient que gagner à ce libre-échange. Modifions nos droits protecteurs,
s'il y a lieu, mais ne livrons pas nos marchés. L'Angleterre est une vaste manufacture parfaitement organisée,
et placée de manière à produire beaucoup et à meilleur
marché que partout ailleurs. Seulement, ses débouchés
deviennent chaque jour de plus en plus insuffisants,
parce que les peuples de l'Europe, voulant s'affranchir
et cesser d'être les tributaires de leur industrie, élèvent
à leur tour des manufactures. J'ai vu et touché des faïen-
ces anglaises de plus d'un tiers moins chères que les
produits similaires français. Comment se fait-il que
d'honnêtes et philanthropiques économistes, dont l'intention est de venir au secours de tous les travailleurs et

consommateurs, poussent vers une mesure, qui, si elle
était adoptée, détruirait infailliblement nos fabriques,
et par conséquent enlèverait le travail à nos ouvriers ?
C'est ce qui prouve encore une fois que, pour raisonner
industrie, il faut une expérience pratique et non des
théories.

De la libre concurrence, réglementée par une hiérarchie commerciale.

On a dit, avec raison, que les petites causes pro-
duisaient souvent de grands effets. C'est ce qui a eu
lieu, en effet, pour le commerce en général, qui, privé
de limites, a fini par dégénérer en une concurrence
désastreuse pour les intérêts de tous les industriels. C'est
de l'antagonisme aujourd'hui, ainsi que l'a pu vérifier
M. Louis Blanc. Quant au remède il ne le connaissait
pas, et ceux qu'il s'est permis d'appliquer étaient de la
désorganisation, dont nous ressentons les funestes effets.
Depuis la révolution de 89, on a aboli les maîtrises
et les jurandes. On a peut-être bien fait ; mais l'expérience a démontré que les patentes qu'on a mises à la
place sont insuffisantes pour réglementer le commerce.
En effet, en payant la patente la plus forte, on peut
faire toute espèce de commerce, sans avoir des connaissances exactes sur chacun. Il en résulte des faillites et
la vente des marchandises à vil prix. Les fabricants
vendent à tout le monde, sans penser qu'ils font tort à
leurs marchands ; les marchands en gros vendent en détail et les détaillants tranchent du négociant ; les colporteurs, ces marchands sans principes ni connaissance
de l'état qu'ils professent, viennent ajouter à l'anarchie
commerciale. C'est à qui vendra le plus, sans s'inquiéter
des bénéfices. Il est grandement temps d'arrêter ce
désordre, si l'on veut assurer la position de tous les travailleurs, y compris les ouvriers.
L'armée, le sacerdoce, la justice, les sciences et toutes
les administrations, ont une hiérarchie. Les entrepreneurs de bâtiments sont réglementés par les architectes.
La pensée de détruire ces diverses hiérarchies serait tel-

lement absurde que personne n'y pense. Le commerce seul n'a pas de hiérarchie ; cependant elle est pour lui d'une absolue nécessité, et son absence, depuis près de soixante ans, a causé bien des désastres industriels.

Au moyen des patentes graduées tel que je l'indique plus loin, on peut sans secousse, sans nuire à la concurrence et à l'émulation, limiter la liberté commerciale, qui n'est plus aujourd'hui qu'un antagonisme désastreux qui engendre la mauvaise foi. J'ai toujours été étonné que des économistes n'aient pas encore pensé à un moyen aussi facile de remédier en très-grande partie, aux maux que nous déplorons tous. Cependant on sait qu'en mécanique, les moyens les plus simples sont toujours les meilleurs. Le commerce est un mécanisme qui réclame depuis longtemps les rouages qui lui manquent pour fonctionner régulièrement.

Voici d'abord ce que j'entends par une concurrence limitée par une hiérarchie. Puis j'essaierai d'en démontrer par des faits l'importante nécessité.

En conséquence, je propose d'établir :

1° Des patentes de maîtres d'usines, ou propriétaires de hauts-fourneaux de 1re, 2e et 3e classe, qui ne leur permettraient de livrer leurs produits qu'aux marchands en gros, ou négociants, *sauf exception s'il y a lieu.*

2° Patentes de fabricants d'un ordre inférieur, ceux dont le combustible n'est pas de 1re nécessité, de 1re, 2e, 3e, 4e classe avec la même condition, *sauf aussi quelques exceptions,* car il n'y a pas de règle sans exceptions.

3° Patentes de marchands en gros ou négociants, servant d'intermédiaires entre les fabricants et les détaillants de 1re, 2e et 3e classe, *leur interdisant totalement et formellement la vente en détail.*

Dans cette dernière catégorie, je pense qu'on doit comprendre les marchands de denrées coloniales et de tous les produits étrangers dont on ne peut se passer, attendu que les négociants seuls peuvent acheter tout ou partie d'une cargaison. Il en est de même pour les marchands de vin et d'eau-de-vie en gros. Pour ces négociants, il faudrait aussi des patentes de 1re, 2e et 3e classe, avec défense de faire le détail. Cependant je parle moins har-

diment pour ce ᵍᵉⁿ.....e de négociants, parce que je ne connais pas leur état. Peut-être pour eux faudrait-il des
exceptions, et il y aurait assurément lieu de les consulter.

5° Patentes de marchands en détail de 1ʳᵉ, 2ᵉ, 3ᵉ 4ᵉ,
5ᵉ et 6ᵉ classe, portant *interdiction complète de la vente
en demi-gros.*

6° Patentes de bimbelotiers et de marchands forains de
1ʳᵉ, 2ᵉ et 3ᵉ classe.

7° Patentes de colporteurs de 1ʳᵉ, 2ᵉ et 3ᵉ classe, ne
leur permettant de vendre que les marchandises de rebut, ou démodées. J'insiste sur cette condition, pour les
colporteurs ; car c'est là une véritable plaie du commerce
illimité, à laquelle il importe de remédier. Ces colporteurs ne rougissent pas d'employer tous les moyens de
charlatanisme possible, et nuisent immensément aux
marchands en détail, qui eux, paient des patentes, des
loyers et des impôts.

Quant aux entrepreneurs de bâtiments, qui sont aussi
des commerçants, je l'ai dit, ils sont naturellement réglementés par les architectes. Si des améliorations sont
nécessaires et possibles, les architectes et les entrepreneurs pourront donner des renseignements à cet égard.

De la vente directe.

La mesure de hiérarchie commerciale, que je conseille
ici pour les maîtres d'usines, est dans l'intérêt général,
et existe presque de fait, attendu que ces fabriques sont
ou doivent être placées dans les contrées où le combustible et les matières premières existent en abondance ;
que par conséquent la production étant éloignée des lieux
très-habités par les consommateurs, et que, pour éco-
nomiser sur les frais de transport, les expéditions doivent être considérables et même se faire par eau, si des
canaux et des rivières navigables existent, les négociants
sont indispensables pour les fabricants et principalement pour les détaillants, qui ne peuvent, même quand
leurs capitaux leur permettraient, tirer de grandes quan-
tités d'une même fabrication, n'en ayant pas le placement suffisant.

Mais il est des états où la vente directe est seule possible, et pour lesquels il ne faut que des patentes graduées. Ainsi la vente ne peut être que directe pour les charrons, les carrossiers, selliers, taillandiers, ébénistes, tourneurs, enfin pour tous les ouvriers établis en dehors des entrepreneurs de bâtiments, dont les mémoires sont réglés par les architectes. Il y a cependant quelques exceptions à faire, telles que les imprimeurs, qui souvent travaillent pour des libraires-éditeurs; les tailleurs confectionnaires, qui expédient au loin, etc.

Quant aux produits de la terre, la vente des bestiaux et tout ce qui sert à l'alimentation des hommes, je ne voudrais permettre que la vente directe, attendu que pour ces produits, les négociants ne sont autres que des spéculateurs, qui, lorsque les denrées sont en petite quantité, alors que les récoltes sont insuffisantes, viennent ajouter à la misère publique en accaparant, ce qui élève les prix outre mesure. C'est ce qui est arrivé pour les grains l'an dernier.

Du reste, si la commission de l'Assemblée nationale prend en considération la hiérarchie commerciale que je propose, et que je n'entends pas, comme on le voit, appliquer à tous les états, elle devra s'entourer de tous les renseignements possibles près des hommes spéciaux et d'expérience de tous les états.

Réponse aux objections possibles.

On m'objectera peut-être que la hiérarchie que je propose d'établir paraît, au premier aperçu, nuire à la liberté du commerce, que certains économistes sans expérience préconisent. Je répondrai que sans cette utile limitation, le commerce ne peut-être qu'un antagonisme déplorable, qu'il faut se hâter de faire disparaître, sans quoi les utopistes continueront à crier : *Vous voyez bien que votre vieille société ne peut exister telle qu'elle est organisée*..... Toute liberté a besoin d'être limitée. Pourquoi a-t-on permis l'ouverture de clubs et l'impression de journaux qui poussent à la guerre civile et dont les principes rappellent les horreurs de la première république? Est-ce nuire à la liberté de la presse que d'empêcher l'impression de livres immoraux et de diatribes?

Les entrepreneurs cessent-ils d'être libres, parce que leurs mémoires sont réglés par les architectes? Enfin les juges, les professeurs, les administrations et l'armée perdent-ils leur liberté parce qu'ils sont régis par une hiérarchie? Non, assurément : en réglementant le commerce, on en extirpe l'anarchie qui le déshonore et le ruine, on rétablit la bonne foi si nécessaire dans les transactions commerciales ; chacun suivant sa capacité et ses moyens de fortune, peut faire honneur à ses engagements, et les ouvriers sont assurés de trouver de l'ouvrage sans que l'Etat leur garantisse l'impossible. En effet, tout homme a le droit de vivre en travaillant ; qui a jamais contesté ce droit? Mais garantir le travail, c'est absurde !

La concurrence ne peut manquer, puisqu'il y a plus d'un fabricant de produits similaires, plus d'un marchand en gros et un grand nombre de détaillants. On irait chez leurs concurrents s'ils voulaient vendre trop cher. Ainsi l'émulation, qui est la cause de toutes améliorations, reste intacte. La hiérarchie ne ferme la barrière à qui que ce soit. En effet, un marchand en détail a-t-il de l'ambition et la possibilité de devenir négociant, il en fait sa déclaration à sa marie, paie la patente de marchand en gros, exerce ce commerce et devient négociant ; mais il cesse de pouvoir détailler, et ainsi pour toutes les positions commerciales. Quant au maintien de cette mesure, on pourrait s'en rapporter à la surveillance des concurrents, mais il faudrait que la loi indiquât quelques moyens coërcitifs. Ainsi, on le voit, il faut de la concurrence qui donne de l'émulation, et non le nivellement des salaires, qui engourdirait les facultés humaines. La concurrence est la sauve-garde des inté-rêts des consommateurs.

Il y a une cinquantaine d'années, une espèce de hiérarchie s'était tacitement établie entre les fabricants et les marchands en gros. Les fabricants, alors, paraissaient mieux comprendre que, dans leurs intérêts, ils ne devaient pas faire concurrence aux négociants chargés de la vente de leurs produits, car on ne peut tirer d'un sac deux moutures. Ainsi, sans refuser de livrer aux détaillants qui croyaient devoir se transporter chez eux, et il y en avait peu, ils faisaient aux négociants une remise suffisante, les considérant comme leurs entrepositaires ; quelques-uns indiquaient les maisons de gros, où les détaillants pouvaient trouver, sans se déranger, les produits provenant de leur fabrication, aux mêmes conditions que chez eux. Il existe encore des fabricants qui continuent à travailler ainsi. Ces fabricants, il faut le dire, puisque les preuves en sont faites, *ont constamment prosperé* et ont gardé leurs ouvriers, dont ils sont les bienfaiteurs, tandis que ceux qui, considérant les marchands en gros comme des intermédiaires inutiles, pensent que leurs bénéfices légaux devraient leur appartenir, et partant de ce faux principe, après avoir gorgé les marchands en gros de leurs produits, manquaient à la délicatesse en cherchant à leur enlever leurs clients, espérant du reste que cela ne se saurait pas, *ont tous fait de mauvaises affaires.* Les uns se sont ruinés, les autres se sont arrêtés à temps. Qu'on me dise ce que sont devenus les ouvriers attachés à l'exploitation de plus de douze usines éteintes depuis six ans seulement : c'est d'autant plus déplorable, que ces ouvriers habitaient de père en fils les mêmes contrées, et que presque tous y possédaient quelques coins de terre. Je cite ici un exemple qui fait preuve ; je pourrais les multiplier.

Une verrerie du département du Nord, dont j'ai vu les premiers produits, qui n'étaient point supérieurs alors, a constamment expédié ses marchandises par charriots de cinq à six chevaux. Par conséquent elle n'a expédié qu'aux marchands en gros, et n'a pas morcelé la vente de ses produits. Ses produit, non-seulement ont acquis une supériorité remarquable sur ceux de ses concurrents, mais encore les fabricants, pouvant soigner leur fabrication, ont constamment pu baisser les prix, de telle manière que cette verrerie paraît aujourd'hui exercer un monopole, qui n'est que celui d'une haute intelligence. Que faisaient leurs concurrents pour rivaliser utilement ? Constamment occupés à courir la clientèle, ils ne pouvaient améliorer leurs produits et se ruinaient.

Si les négociants étaient des intermédiaires inutiles, en accroissant le prix des produits, ainsi que quelques fabricants le pensent, il faudrait les supprimer ; mais il n'en est pas ainsi. Je vais le démontrer.

D'abord pour les détaillants, et ils sont nombreux, les marchands en gros sont d'une nécessité absolue, par la raison que ces négociants seuls peuvent faire arriver des contrées éloignées, des marchandises en quantité suffisante, en temps opportun et d'espèces variées, des usines placées où le combustible est abondant et où se trouvent les matières premières, ce que ne peuvent faire les détaillants, dont la vente est restreinte. De plus, les négociants tirent les marchandises similaires de toutes les fabriques, et ayant la connaissance complète de leur état, ils ont le soin de n'acheter dans chacune que les articles les plus avantageux, soit pour les formes, le prix ou la solidité. Par ce moyen, ils offrent aux détaillants une grande réunion de tous les produits composant leur état, qui leur permet de s'assortir de toutes choses, suivant leurs moyens pécuniaires et l'exigence de leur commerce. Le commerce en détail n'est pas possible sans les maisons de gros ; car les détaillants ont besoin de se rassortir à chaque instant. En outre de cela, le crédit que leur font les négociants est indispensable au plus grand nombre. S'ils s'avisent de vouloir tirer des fabriques, leurs capitaux et le chiffre de leur vente ne le permettant pas, ils s'encombrent promptement, ne sont jamais assortis, ni au cours, ils voient leurs marchandises baisser de prix et changer de mode avant de les avoir vendues, et ne peuvent payer les traites des fabricants qui, presque tous ont la manie d'enfler les commissions. Les détaillants, en général, sont des marchands très-intéressants et fort recommandables, qui s'établissent avec peu de capitaux. Ce sont des ouvriers qui ont su faire des économies. Ces citoyens sont laborieux, intelligents et probes. C'est une justice que je me plais à leur rendre, car j'ai eu à me louer de la délicatesse du plus grand nombre. Ce sont des marchands qui supportent les charges publiques avec un patriotique dévouement et qu'on ne protège pas suffisamment ; car le colportage qui résulte de la concurrence illimitée, leur fait beaucoup de mal.

Je crois avoir suffisamment démontré que les négociants sont indispensables pour les détaillants ; ils ne le sont pas moins pour les fabricants ; en voici les raisons. Un fabricant qui forme un dépôt ou morcelle la vente de ses produits, double à l'instant ses frais sans pouvoir élever le prix, attendu qu'il prend pour son compte les loyers, transports, avaries, dépréciations, mal-façons, qu'en augmentant sa clientèle d'un grand nombre de détaillants qu'il connaît à peine, il multiplie ses chances de pertes et n'est jamais sûr du placement. Il est forcé d'avoir recours à des tiers quelquefois infidèles ; il lui faut plus de capitaux et il est forcé d'en emprunter ; il est constamment hors de chez lui, ce qui l'empêche de soigner et d'améliorer sa fabrication ; il est forcé de travailler à l'avance et d'emmagasiner, ce qui occasionne des frais très-importants ; tandis qu'avec les maisons de gros, il pouvait ne travailler que sur commissions, et qu'au moyen d'une faible remise pour comptant, il était payé à un mois de date du jour de l'expédition. Il faut observer que le fabricant qui veut vendre directement aux détaillants, lutte avec un grand désavantage contre les marchands en gros de la contrée, puisqu'il n'a qu'un seul article, celui qu'il fabrique, à opposer à la concurrence soutenue contre lui par les négociants, qui ont dans leurs magasins les produits similaires des diverses contrées de la France. Bien entendu que les marchands en gros cessent de lui acheter ses produits, et il est réduit à les détailler, ce qui le ruine.

Ainsi, les frais de vente sont inévitables, et ils sont bien plus considérables pour les fabricants que pour les négociants, qui généralement sont logés chez eux, sont meilleurs marchands et connaissent mieux la solvabilité de la clientèle qui les entoure. J'ai vu beaucoup de dépôts à Paris tenus pour le compte de fabricants ; je n'en ai jamais vu un seul réussir, attendu que les grands frais qu'exigent des dépôts pèsent lourdement sur la fabrication. Ainsi, si des dépôts tenus par des fabricants ne peuvent se soutenir dans une grande et commerçante ville comme Paris, qu'on juge de l'effet désastreux d'une vente morcelée par eux dans les petites villes et villages de la province !

Des Marchands de demi-gros.

Les marchands faisant le gros et le détail sont de redoutables concurrents pour les détaillants et les fabricants ; mais les fabricants qui font de la concurrence aux marchands en gros qu'ils approvisionnent, en sont cause. En effet, il y avait à Paris une grande quantité de magasins en gros dans les fonds de cours, dans les chambres, où les détaillants venaient acheter. Mais ces négociants, voyant les fabricants s'emparer peu à peu de leurs clientèles, se sont mis à vendre en détail. Forts de leurs capitaux et des connaissances supérieures qu'ils ont dans l'état qu'ils professent, ils ont promptement fait fermer les magasins des petits détaillants. Cela est un grand malheur. C'est ce qui existe en ce moment à Paris et dans les grandes villes de province pour les maisons de nouveautés, qui, par leur réunion et leurs nombreux capitaux, obtiennent des fabricants des rabais de 20, 30 et 40 pour cent au-dessous du prix de revient. C'est du monopole. Comment les fabricants et les détaillants ne seraient-ils pas ruinés par de semblables établissements ? Les consommateurs, alléchés par l'appât du bon marché, n'achètent que dans ces grandes maisons, qui cependant gardent vers elles de gros bénéfices ; ce qui le prouve, ce sont les fortunes rapides que quelques-unes ont réalisées. Ces gros bénéfices pourront-ils être maintenus longtemps? Je ne le pense pas, attendu que les fabricants ne pouvant continuer de travailler en perdant continuellement, cesseront d'être exploités par elles. En outre de cela, comme il est reconnu que les honnêtes ouvriers ne peuvent soutenir la concurrence avec les travailleurs des maisons de détention, on sera forcé de défendre ces travaux ou d'en changer l'espèce, et c'est principalement de ces prisons que ces grandes maisons tirent la possibilité du bon marché ; de plus, n'ayant plus de concurrents dans les petits marchands, ces grandes maisons entreront en lutte ; les bénéfices s'amoindriront et les frais les absorberont, tandis que si elles s'étaient contentées de vendre en gros seulement, elles auraient été le soutien des fabricants, de leurs ouvriers et des détaillants, dont elles sont le fléau.

Retiré des affaires depuis longtemps, je n'y ai plus d'autre intérêt, que celui que tout ami de son pays doit y prendre. Si j'insiste sur la nécessité de remédier à la concurrence extrême qui existe dans le commerce, c'est que l'expérience d'une longue pratique commerciale, m'a fait remarquer de nombreux désastres dont cette liberté illimitée est cause. Il faut que le bas prix des produits soit le résultat des améliorations et des économies obtenues par les producteurs, et non par suite d'encombrement et de concurrences mal raisonnées de commerçants inhabiles qui vendent à vil prix, trop souvent avec de mauvaises intentions. La solidarité des fabricants, marchands et ouvriers est positive; si des concurrents vendent à trop bas prix, il faut les suivre, ou renoncer à son état; si les fabricants ne sont pas payés, ils ne peuvent continuer à travailler et sont forcés de renvoyer les ouvriers. Si les négociants se voyent constamment retourner leurs traites, ils ne peuvent s'acquitter envers les fabricants. Il est donc urgent que la loi intervienne pour réglementer le commerce par une hiérarchie sagement combinée, qui sauvegarde les intérêts de tous, en y comprenant ceux des consommateurs, qui ne doivent pas non plus être négligés, puisqu'individuellement les commerçants ne peuvent remédier à un état de choses qui les ruine et compromet le travail. Ce n'est pas une panacée universelle que je viens proposer ici, mais des bases solides pour l'édifice commercial. L'essentiel est que chacun ne fasse que l'état qu'il sait ou peut faire et qu'il ne vienne pas compromettre la position d'autrui.

Des tribunaux de commerce.

Le commencement de la justice consulaire remonte à la nuit des temps; mais c'est sous Charles IX, en novembre 1563, que les tribunaux de commerce ont reçu une organisation régulière. Leur création avait pour motif que les juges civils étant complètement étrangers au commerce, leurs arrêts, très-souvent, jetaient la perturbation dans les transactions commerciales, et non la conciliation si désirable entre les parties. C'est ce qui a encore lieu aujourd'hui lorsqu'une section du tribunal civil se forme en chambre consulaire; car il existe encore des arrondissements où il n'y a pas de tribunaux de commerce.

En 1790, l'Assemblée constituante maintint la juridiction commerciale, et détermina ses formes et sa compétence.

En 1810, la durée des fonctions des juges du commerce fut limitée à deux années, et la réélection ne fut permise qu'après une année d'interruption.

En 1840, il fut fait des modifications sur la durée de ces fonctions, et l'article 3 porte que les juges sortants après deux ans d'exercice, *pourront* être réélus pour deux autres années.

Cette loi de 1840 introduit des changements pour les faillites qui sont une sensible amélioration, réclamée et signalée par les juges en exercice dans le temps que je faisais partie du tribunal de ma ville; car ils réduisaient sensiblement le temps exigé pour les terminer. Mais cette réélection, que personne ne réclamait, entraîne avec elle de graves inconvénients, qui tendraient à altérer la pureté des élections et le bon choix pour cette belle institution.

Je reconnais d'abord que deux années de justice consulaire sont une trop courte durée; car c'est à peine si le juge a pu se familiariser avec ses fonctions, et c'est alors qu'il pourrait rendre de bons services, que les deux années expirent. Il aurait fallu porter ces fonctions à quatre années consécutives d'exercice et que la réélection ne pût avoir lieu qu'après une année de cessation.

Voici l'inconvénient grave de cette mesure de double réélection facultative.

Si un tribunal de commerce est composé d'un président, de quatre juges et de quatre suppléants, la première section doit cesser ses fonctions au bout de deux ans, et la deuxième un an après. Quant au président, ses fonctions ne sont aussi que de deux ans. Le président, les juges et les suppléants, peuvent être réélus encore pour deux ans. Voilà ce qui peut arriver et ce qui arrive en effet fréquemment depuis la promulgation de la nouvelle loi : deux juges doivent sortir au bout des deux premières années. Tous deux peuvent espérer la réélection : cependant un d'eux seul est réélu et l'autre point. Est-ce parce que ce dernier a démérité ? Les électeurs l'ignorent, et quelquefois c'est le contraire ; mais celui qui a été réélu se trouve avoir plus de partisans que son collègue. Il résulte de cela que le juge exclu, car c'est une exclusion dans ce cas, se sent tellement blessé dans son amour-propre, qu'il ne consent plus à l'avenir à accepter de fonctions publiques. Avec le temps, il peut en résulter que les hommes vraiment dignes de remplir des fonctions publiques, cessent de se présenter comme candidats, dans la crainte d'une injuste exclusion. On peut facilement déduire les conséquences de cet état de choses, qui déjà se fait sentir. Avant cette malheureuse mesure, on quittait ses fonctions au bout de deux ans invariablement et l'amour-propre de qui que ce soit ne se trouvait injustement froissé.

D'un autre côté le nombre des électeurs est beaucoup trop restreint. Tout commerçant honorable, riche ou pauvre, devrait être électeur. Que signifie aujourd'hui cette expression de commerçant notable ? C'est continuer à faire des catégories, qui doivent enfin disparaître. Les pauvres et les riches commerçants sont tous justiciables des tribunaux de commerce, et lorsqu'ils auront pu nommer leurs juges, ils n'auront pas lieu de les récuser dans leurs pensées.

Des fonctions municipales.

On peut continuer à nommer pour cinq ou six ans les conseillers municipaux. Mais il serait bien désirable qu'après le temps révolu, la réélection ne pût avoir lieu qu'après une année de cessation. Ici je signale deux inconvénients à la réélection non interrompue :

Le premier est que les citoyens craignant d'être injustes à l'égard des conseillers sortants, leur donnent de nouveau leurs suffrages, et les perpétuent ainsi dans des fonctions, dont le personnel devrait être fréquemment renouvelé dans l'intérêt public.

Le deuxième, est que le conseiller qui seul n'est pas
réélu, considère, cette non-réélection comme une exclusion qu'il n'a pas méritée. Je n'ai jamais eu l'honneur de
faire partie du conseil-municipal. Mais j'ai vu plusieurs
de mes vieux amis cruellement blessés de cette exclusion
et jurer devant moi qu'ils renonçaient pour toujours aux
fonctions publiques. On peut comprendre que le fait est
grave pour l'avenir, attendu qu'il ouvre un champ vaste
a l'intrigue, dont quelques-uns ne se font pas faute, et
tend à déconsidérer les fonctions publiques, quoique non
rétribuées. Quant aux élections, elles sont universelles,
puisque tous les citoyens sont électeurs.

Des prudhommes.

Bien organisée cette institution peut rendre autant
de bons services que les justices de paix et les tribunaux
de commerce, attendu que des hommes spéciaux, fabricants, marchands et ouvriers recommandables en fe-
raient partie. Je pense qu'on pourrait choisir les prudhommes parmi les anciens juges du commerce, des
fabricants et des négociants, et introduire un même
nombre d'ouvriers experts, qui pourraient former une
troisième section des tribunaux de commerce, qui existent, et doivent exister dans chaque arrondissement.
Ces prudhommes auraient pour mission de juger, ou de
concilier les maîtres et les ouvriers, les causes d'apprentissage, et si la hiérarchie que je propose était admise,
de surveiller et juger les industriels qui se rendraient
coupables d'infractions, et les négociants expéditeurs,
qui très-souvent n'expédient à l'étranger que des marchandises de rebut, et qui déconsidèrent notre industrie
et amoindrissent de plus en plus notre commerce d'exportation.

Des propriétaires de maisons.

Si beaucoup de personnes n'ont qu'une idée bien im-
parfaite du commerce, d'autres ont la manie de juger
de la fortune des propriétaires par le revenu brut. Je
dirai plus : il est des propriétaires qui ne se rendent pas
un compte exact de ce qu'ils peuvent dépenser, et dé-

pensent au-delà de leurs revenus, ce qui les empêche de payer les entrepreneurs. Quelques chiffres pourront suffire pour démontrer la fausseté du revenu brut. Prenons pour base une maison, qui, avec les frais d'acquisition de 7,500 francs, est revenue à l'acquéreur à 100 mille francs, et qui rapporte brut 5 pour 100, c'est 5,000 francs. On dit : Cet homme est fort à son aise, il a 5,000 francs de rente. Voyons le revers de la médaille.

Revenu brut, 5,000 francs, ci.   .   .   5,000 f.

Impôt direct annuel.   500

Cote personnelle.   40

Dans une grande maison, il faut un portier, auquel on accorde le logement et une rétribution. Je porte modestement pour cela.   .   .   250

Eclairage de l'escalier.   50

Eau de concession et réparation.   120

Entretien de la couverture, par an.   200

Car si on néglige de réparer la toiture il faudra, l'an d'après, dépenser 500 francs.

Vidange des lieux.   100   2,110

Non-valeurs annuelles ; pour un grand bâtiment, il y en a toujours.   .   300

Lorsqu'un locataire quitte un logement, en admettant qu'on trouve à louer de suite, il y a toujours des changements et des réparations à faire ; il faut estimer cela, par an, à.   300

Entretien, pour les menuisier, serrurier, paveur, maçon, ferblantier, etc.   250

Reste pour une année ordinaire.   .   .   2,890

Cependant cette année il a fallu payer 45 cent. d'une part et 10 cent. en plus, en tout 55 cent., c'est à ajouter pour les frais.   275

2,615 f. nets.

Je ne parle pas des impôts indirects, qu'il paye comme les autres citoyens. Il n'est pas exempt de quelques autres faux frais et d'avoir des locataires qui ne payent pas. On voit que je ne parle pas de grandes réparations, qui, tous les douze ou quinze ans, sont inévitables. Voilà l'homme riche de 5,000 francs de rente qui n'a plus que moitié du revenu qu'on lui prête bénévolement, et s'il fait honneur à ses engagements, c'est qu'il a beaucoup d'ordre et d'économie, et vit de privations s'il a de la famille

Si, au lieu de grossir à plaisir la fortune de soi-disants riches, on mettait sous les yeux d'honnêtes ouvriers de semblables tableaux, que chacun peut vérifier, ils verraient bien que les bourgeois, qu'on accuse d'être impitoyables sur le sort de la classe ouvrière, sont bien loin de l'être, et ils le prouvent lorsqu'au moindre appel des autorités ils s'empressent de porter des secours pour les malheureux, qu'ils prennent, non sur le superflu, mais sur le nécessaire. D'ailleurs ne sont-ce pas les propriétaires qui donnent des travaux aux ouvriers ? ce ne sont pas assurément les utopistes, qui ne savent que prêcher le désordre.

Je ne parlerai pas des propriétaires terriers, attendu que tout le monde sait que la terre, généralement, ne rapporte que 2 1[2 à 3 pour 100, à moins de la cultiver soi-même.

Des caisses d'épargne.

Le but philanthropique des caisses d'épargne est admirable. Elles avaient été créées pour les ouvriers et les gens de service. Mais bientôt ces caisses sont devenues des caisses de placement pour les personnes aisées, qui auraient pu placer ailleurs. L'ancien gouvernement s'est alarmé de voir des sommes aussi considérables lui affluer de toutes parts, sommes qu'on pouvait lui réclamer instantanément, et dont, par conséquent, il ne pouvait facilement disposer. Il voulut remédier à cet état de choses. Mais, au lieu de consulter les trésoriers et les administrateurs à titre gratuit de ces caisses, qui lui auraient appris que les sommes de 300 francs, chaque jeudi, étaient beaucoup plus nombreuses que celles qui annoncent véritablement l'épargne de l'ouvrier, il s'est contenté de limiter à 1,500 francs le montant de chaque livret. Il aurait plus véritablement atteint le but qu'il se proposait, s'il eût fixé à 50 ou 100 francs, par chaque jeudi, le maximum des versements. Alors ces caisses, conformément à leur titre, ne contiendraient plus que les économies des ouvriers, et l'Etat n'aurait pas aujourd'hui à servir les intérêts de capitaux aussi nombreux.

Des forçats libérés.

J'ai toujours été étonné qu'on n'ait pas encore formé un établissement à peu près semblable à ceux que les Anglais ont fondés depuis longtemps dans la Nouvelle-Hollande. (Voir à cet égard la description qu'en a faite le regrettable M. Dumont-Durville). En effet, pourquoi renvoyer dans la société des hommes qu'elle repousse et qui, par cela seul, ne peuvent faire retour vers le bien?

Le gouvernement paraît avoir adopté la mesure de la déportation à l'égard des malfaiteurs saisis au milieu des barricades, que les chefs des factieux n'ont pas rougi de mettre en contact avec des ouvriers qu'ils sont parvenus à égarer si criminellement. Mais c'est une mesure perpétuelle et non temporaire que le besoin de la société réclame.

FIN.

www.ingramcontent.com/pod-product-compliance
Ingram Content Group UK Ltd.
Pitfield, Milton Keynes, MK11 3LW, UK
UKHW022219070726
13613UKWH00004B/1766